Water Habitats
Hábitats acuáticos

Ocean Floors/
Fondos oceánicos

JoAnn Early Macken

Reading consultant/Consultora de lectura:
Susan Nations, M. Ed., author, literacy coach,
consultant/autora, tutora de alfabetización, consultora

WR WEEKLY READER
EARLY LEARNING LIBRARY

Please visit our web site at: www.earlyliteracy.cc
For a free color catalog describing Weekly Reader® Early Learning Library's list
of high-quality books, call 1-877-445-5824 (USA) or 1-800-387-3178 (Canada).
Weekly Reader® Early Learning Library's fax: (414) 336-0164.

Library of Congress Cataloging-in-Publication Data available upon request from publisher.
Fax (414) 336-0157 for the attention of the Publishing Records Department.

ISBN 0-8368-6030-6 (lib. bdg.)
ISBN 0-8368-6037-3 (softcover)

This edition first published in 2006 by
Weekly Reader® Early Learning Library
A Member of the WRC Media Family of Companies
330 West Olive Street, Suite 100
Milwaukee, WI 53212 USA

Art direction: Tammy West
Cover design and page layout: Kami Koenig
Picture research: Diane Laska-Swanke
Translators: Tatiana Acosta and Guillermo Gutiérrez

Picture credits: Cover, © Mark Strickland/SeaPics.com; p. 5 © Phillip Colla/SeaPics.com;
p. 7 © Marc Chamberlain/SeaPics.com; p. 9 © Espen Rekdal/SeaPics.com; p. 11 © Doug
Perrine/SeaPics.com; p. 13 © Jeff Rotman/naturepl.com; pp. 15, 21 © Graeme Teague;
p. 17 © Mark Norman/Visuals Unlimited; p. 19 © Nachoum/gtphoto

Printed in the United States of America

1 2 3 4 5 6 7 8 9 09 08 07 06 05

Note to Educators and Parents

Reading is such an exciting adventure for young children! They are beginning to integrate their oral language skills with written language. To encourage children along the path to early literacy, books must be colorful, engaging, and interesting; they should invite the young reader to explore both the print and the pictures.

Water Habitats is a new series designed to help children read about the plants and animals that thrive in and around water. Each book describes a different watery environment and some of its resident wildlife.

Each book is specially designed to support the young reader in the reading process. The familiar topics are appealing to young children and invite them to read — and reread — again and again. The full-color photographs and enhanced text further support the student during the reading process.

In addition to serving as wonderful picture books in schools, libraries, homes, and other places where children learn to love reading, these books are specifically intended to be read within an instructional guided reading group. This small group setting allows beginning readers to work with a fluent adult model as they make meaning from the text. After children develop fluency with the text and content, the book can be read independently. Children and adults alike will find these books supportive, engaging, and fun!

— Susan Nations, M.Ed., author, literacy coach,
and consultant in literacy development

Nota para los maestros y los padres

¡Leer es una aventura tan emocionante para los niños pequeños! A esta edad están comenzando a integrar su manejo del lenguaje oral con el lenguaje escrito. Para animar a los niños en el camino de la lectura incipiente, los libros deben ser coloridos, estimulantes e interesantes; deben invitar a los jóvenes lectores a explorar la letra impresa y las ilustraciones.

Hábitats acuáticos es una nueva colección diseñada para que los niños lean textos sobre plantas y animales que viven en el agua o cerca de ella. Cada libro describe un medio acuático diferente y presenta a algunos de los animales y plantas que lo habitan.

Cada libro está especialmente diseñado para ayudar a los jóvenes lectores en el proceso de lectura. Los temas familiares llaman la atención de los niños y los invitan a leer —y releer— una y otra vez. Las fotografías a todo color y el tamaño de la letra ayudan aún más al estudiante en el proceso de lectura.

Además de servir como maravillosos libros ilustrados en escuelas, bibliotecas, hogares y otros lugares donde los niños aprenden a amar la lectura, estos libros han sido especialmente concebidos para ser leídos en un grupo de lectura guiada. Este contexto permite que los lectores incipientes trabajen con un adulto que domina la lectura mientras van determinando el significado del texto. Una vez que los niños dominan el texto y el contenido, el libro puede ser leído de manera independiente. ¡Estos libros les resultarán útiles, estimulantes y divertidos a niños y a adultos por igual!

— Susan Nations, M.Ed., autora/tutora de alfabetización/
consultora de desarrollo de la lectura

Land lies at the bottom of the ocean. The land is the ocean floor. Deep valleys cross the ocean floor. The tops of tall mountains poke out of the water.

- - - - - - - - - - - - - - - - - - - -

En lo más hondo del océano hay tierra. Es el fondo oceánico, cruzado por profundos valles. Las cimas de altas montañas sobresalen del agua.

Oysters live on the ocean floor. An oyster stays in one place for most of its life. An oyster can make a pearl.

- - - - - - - - - - - - - -

En el fondo oceánico hay ostras. Una ostra vive en el mismo sitio sin moverse casi toda su vida. Una ostra puede hacer una perla.

7

A flatfish lies on the ocean floor. Both eyes are on one side of its head. Some flatfish can change colors.

- - - - - - - - - - - - - - - - -

Una platija descansa en el fondo oceánico. Tiene ambos ojos en el mismo lado de la cabeza. Algunas platijas pueden cambiar de color.

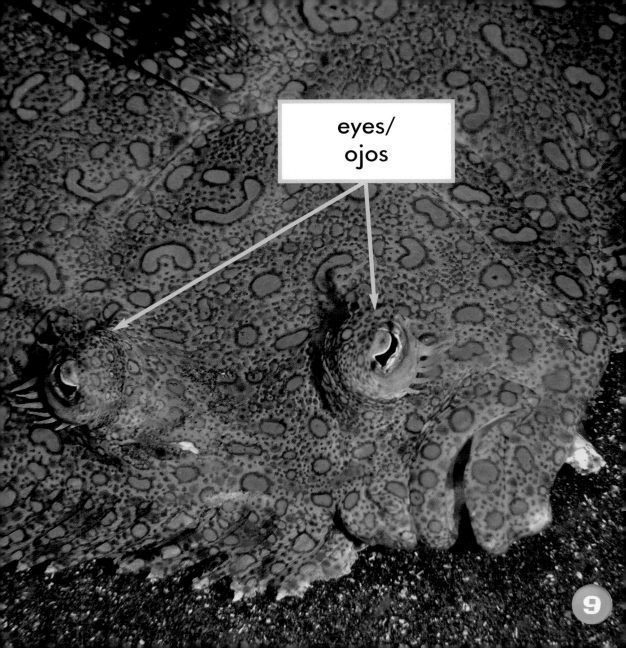

eyes/
ojos

A ray glides along the bottom. Its
wide fins look like wings.

— — — — — — — — — — — — —

Una raya se desliza sobre el fondo.
Sus anchas aletas parecen alas.

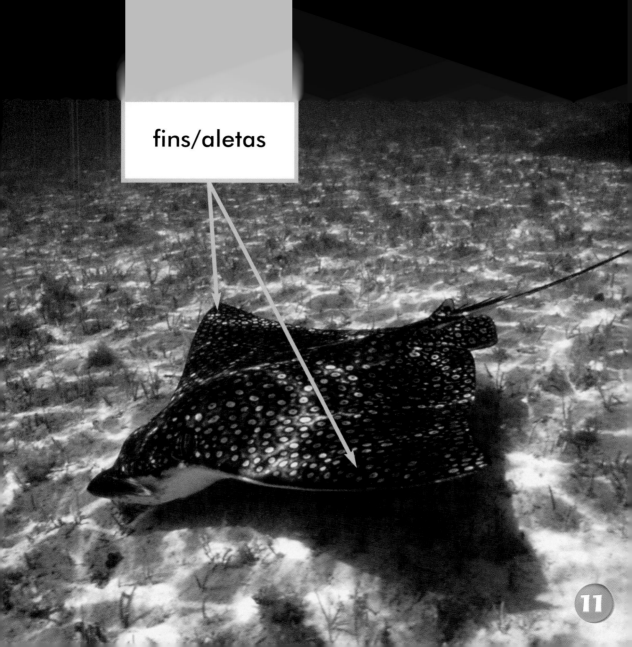

fins/aletas

11

Deep water is cold and dark.
Fish with huge eyes can see in
deep water.

———————————————

El agua a esa profundidad es fría y
oscura. Peces con ojos enormes
pueden ver en aguas profundas.

An anglerfish has a lure on its head. Smaller fish swim to the lure. The anglerfish eats them.

Un rape tiene un señuelo en la cabeza. Peces más pequeños nadan hacia el señuelo. El rape se los come.

lure/señuelo

15

An octopus creeps on the ocean floor. It has eight arms, or **tentacles**. To swim, it squirts water from its body. It can squeeze into small spaces.

Un pulpo se arrastra por el fondo oceánico. Tiene ocho brazos o **tentáculos**. Para nadar, echa agua a presión. Es capaz de meterse en espacios muy pequeños.

Sound moves fast in water. Shrimp click their claws. Fish make drumming sounds. Whales sing to each other.

— — — — — — — — — — — — — —

En el agua, el sonido se mueve muy deprisa. Los camarones frotan sus pinzas. Los peces hacen ruidos como los de un tambor. Las ballenas se cantan unas a otras.

whales/
ballenas

Some fish swim up from deep water at night. Shrimps and squids swim up to feed. When the sun comes up, they all swim back down.

Algunos peces suben por la noche a aguas menos profundas. Camarones y calamares suben a buscar comida. Cuando el sol sale, vuelven al fondo del océano.

Glossary

oysters — water animals whose uneven shells have two parts that open and close

pearl — a smooth, hard gem that forms around a piece of sand or other object inside an oyster

ray — a fish with a flat body, both eyes on top, wide fins, and a long tail

valleys — low land between hills

Glosario

ostras — animales marinos con conchas irregulares que se abren y se cierran

perla — una gema lisa y dura que se forma alrededor de un trozo de arena o de otro objeto dentro de una ostra

raya — pez de cuerpo plano, con ambos ojos en la parte superior, anchas aletas y larga cola

valles — zonas bajas entre colinas

For More Information/ Más información

Books in English

Life in an Ocean. Living in a Biome (series). Carol K. Lindeen (Capstone)

One Big Ocean. We Can Read about Nature! (series). Catherine Nichols (Benchmark Books)

Libros en Español

Hello Ocean/Hola Mar. Pam Muñoz Ryan (Charlesbridge)

I Live Near the Ocean/Vivo cerca del mar. Where I Live/Donde vivo (series). Gini Holland (Weekly Reader Early Learning Library)

Index

Índice

About the Author

JoAnn Early Macken is the author of two rhyming picture books, *Sing-Along Song* and *Cats on Judy*, and many other nonfiction books for beginning readers. Her poems have appeared in several children's magazines. A graduate of the M.F.A. in Writing for Children and Young Adults program at Vermont College, she lives in Wisconsin with her husband and their two sons. Visit her Web site at www.joannmacken.com.

Información sobre la autora

JoAnn Early Macken ha escrito dos libros de rimas con ilustraciones, *Sing-Along Song* y *Cats on Judy*, y muchos otros libros de no ficción para lectores incipientes. Sus poemas han sido publicados en varias revistas infantiles. JoAnn se graduó en el programa M.F.A. de Escritura para Niños y Jóvenes de Vermont College. Vive en Wisconsin con su esposo y sus dos hijos. Puedes visitar su página web: www.joannmacken.com